Spielregeln des Lebens

Ulrike J. Weinrich

2020

Bibliographische Informationen der Deutschen
Nationalbibliothek:
Die Deutsche Nationalbibiliothek verzeichnet diese
Publikation in der Deutschen Nationalbibliografie,
detaillierte bibliografische Daten sind im Internet
über http://dnb.dnb.de abrufbar.

Herstellung und Verlag:
BoD - Books on Demand, Norderstedt

ISBN: 9 783750 400375

Lerne die Regeln gut kennen,
damit Du sie effektiv brechen
kannst

Dalai Lama

Für Kim-Mailin und Till-Benedikt

Inhaltsverzeichnis

1 Vorwort

Endlich! Seit Jahren in meinem Kopf, ist es nun so weit: Mein erstes Buch ist geboren.

Ich wurde immer wieder gefragt, ob ich das Gesagte nicht mal aufschreiben könne. Denn für Menschen, die sich noch nicht mit Lebensregeln und Systematiken befasst haben, ist es zu Beginn etwas viel und verwirrend, was ich ihnen berichte.

Durch meine Praxistätigkeit stellte ich fest, daß selbst bei Nichtverstehen dessen, was ich sagte, der Inhalt bei den Menschen ankam und etwas in ihnen zum Klingen brachte.

Also keine Sorge, wenn beim ersten Durchlesen vieles wie böhmische Dörfer klingt. Es wird leichter mit der Zeit, unser Inneres wird auch ohne Verstehen im Kopf erreicht.

2 Mein Werdegang

Damit beim Lesen klar wird, wie ich auf diese Regeln gekommen bin, erzähle ich euch etwas über meinen Lebensweg.

Für mich selbst ist es immer wichtig, etwas über die Hintergründe zu erfahren. Wie eine Geschichte zustande gekommen ist, welche Persönlichkeit hinter dem Geschriebenen steht. So kann ich das Gelesene besser einordnen und leichter herausfiltern, was für mich selbst passend ist.

Und so geht meine Geschichte:

Ein Teil meiner Lebensaufgaben liegt hinter mir. Das Führen einer Naturheilpraxis, Seminare und Vorträge halten, Familie gründen, Kinder erziehen. All das hat viele Jahre meines Lebens beansprucht. Danach nahm ich eine Auszeit zur Besinnung und Erholung und um neue Eindrücke zu sammeln.

Und jetzt komme ich sowohl meinem persönlichen Wunsch als auch den vielen Nachfragen meiner Patienten, Zuhörer und Teilnehmer nach und schreibe dieses Buch.

Als Achtzehnjährige entschied ich mich, jedem mit Freundlichkeit und Wohlwollen zu begegnen. Ich wollte, dass sie sich besser fühlten, wenn sie mir begegnet waren. Und mein Minimalanspruch war, dass sich die Menschen nach der Begegnung mit mir nicht schlechter fühlten.

Dies war mein erster bewusst gesetzter Maßstab für meine Lebensführung. Sozusagen die Essenz meines Beobachtens und Suchens während der Jugendjahre.

Wie ich später feststellen musste, war dies ein sehr hoher Anspruch. Doch in meinem jugendlichen Leichtsinn glaubte ich, dass es eine zutiefst menschliche Haltung sei. Und bekanntlich wächst man mit seinen Herausforderungen.

Ich entschied mich, Heilpraktikerin zu werden, um dieser persönlichen Vorgabe einen geeigneten Rahmen geben zu können.

Mit diesem Maßstab ging ich auf die Suche nach weiteren Orientierungspunkten für mein Leben. Ich hinterfragte alles und jeden, überprüfte das Gesagte mit dem Verhalten des Menschens. Ich studierte den menschlichen Körper in Anatomie, Biochemie und Psyche. Ich führte, ohne es zu wissen, eine gründliche Anamnese des Lebens durch.

Welche Zusammenhänge gibt es? Hat schon mal eine Person vor mir das Problem gehabt? Kann man sich selbst belügen? Und wenn ja, wie stelle ich das fest?

Fragen über Fragen, die Zeit bedurften, um beantwortet werden zu können. Das machte mich unruhig und unsicher. Ich dachte alle außer mir, würden den Weg bereits kennen.

Wie ich später feststellte, war dem nicht so. Aber das Leben kann man manchmal nur vorwärts leben und rückwärts verstehen. Hin und wieder versteht man es auch vorher.

Mit Mitte zwanzig musste ich feststellen, dass ich mein selbstgestecktes hohes Ziel nicht erreichen konnte und geriet in eine Sinnkrise.

Statt weniger Fragen wurden es mehr. Doch wie Krisen es so an sich haben, hatte auch diese viel Gutes und Interessantes für mich im Gepäck.

Ich lernte den Buddhismus kennen, das I Ging, Tarot Karten und Meditationen. Lernte sanfte Massagetechniken und damit die Sprache des Körpers und gewann neue Erkenntnisse, wie die Spielregeln des Lebens. Alles zusammen fühlte sich gut und stimmig an.

Im Laufe meines Lebens konnte ich diese neu gewonnen Erkenntnisse auf ihre Alltagstauglichkeit überprüfen. Im Zusammenleben mit mir, meiner Familie, meinen Kindern und mit den Menschen, die meinen Rat und Zuspruch in meiner Naturheilpraxis suchten.

Die gefundenen Regeln hielten meinem Alltag und den vielfältigen Anforderungen, die ich mir ausgesucht hatte, stand. In den verschiedenen Rollen, Mutter, Heilpraktikerin, Frau eines Mannes, der fünf Kinder mit in die Ehe brachte, Freundin, Tochter, Schwester und Bürgerin waren diese Regeln mir immer eine große Hilfe und Leitschnur im Alltag.

Es ist wie in der Mathematik: wenn man die Grundregeln beherrscht, kann man jeder Herausforderung mit größerer Gelassenheit begegnen.

Inzwischen belegt die heutige Wissenschaft genau diesen Vorgang. Unser Gehirn braucht einen Orientierungspunkt, um alles Weitere dahingehend abgleichen zu können.

Mit meinen Spielregeln gebt ihr eurem Gehirn quasi einen Orientierungspunkt am Horizont des Lebens. Dorthin richtet es sich dann aus und gleicht dazu ab, wie weit ihr von diesem Bezugspunkt entfernt seid.

Ich wünsche Euch viel Spass mit dem Buch So wie die Küstenbewohner ihren Leuchtturm haben, um in stürmischen Zeiten und bei Dunkelheit eine Orientierungshilfe zu haben, so geben diese Regeln euch hoffentlich eine Richtschnur für euren Alltag.

Ich wünsche euch viel Spaß mit dem Buch. Beim Lesen, Notieren von eigenen Ideen und Anwenden der gefundenen Regeln.

3 Gebrauch des Buches

Das Buch ist so aufgebaut, das man es nicht chronologisch lesen muss, um den Inhalt verstehen zu können.

Es ist also möglich ein Kapitel zu lesen, das Buch zur Seite legen zu können, um erst dann weiter zu lesen, wenn der Inhalt verdaut wurde, oder anders ausgedrückt:

Die Zeit reif ist.

Das geschieht von allein. Unser Inneres wird von einem Satz, von einem Wort berührt und bringt eine Saite in uns zum Schwingen.

Wie bei jedem Instrument schwingt die Saite so lange, wie der Impuls anhält. Das kann laut und kurz sein, aber auch lang, leise und vibrierend.

Lasst euch von euch selber überraschen, und selbst wenn das Buch jahrelang in der Ecke liegt, hat es noch seine Wirkung.

Denn wenn man lesen kann, kann man danach nicht mehr so tun, als hätte man es nicht gelesen. *Sinngemäß nach Vera F. Birkenbihl.*

Deshalb bleibt entspannt!

Ich hatte in meiner Praxis PatientInnen, die erst nach vielen Jahren wieder zu mir kamen. Sie hatten bis dahin von dem Gesagten und Erfahrenen profitiert, sodass sie keinen Nachschub an Ideen benötigten.

Wie lange ein Gedanke, ein Impuls anhält, hängt von mehreren Faktoren ab. Wie ungewöhnlich ist der Gedanke für mich? Welchen Anknüpfungspunkt finde ich in meinem bisherigen Gedankengebäude? Wie wichtig ist eine neue Erkenntnis für mein tägliches Leben? Benötige ich einen neuen Impuls, oder treibt mich meine Neugierde an?

Erfahrungsgemäß ist man in Lebenskrisen für Neues zugänglicher, als wenn alles rund läuft. An welcher Stelle des Lebens dieses Buch in euer Leben tritt, hat damit zu tun, was ihr sucht und mit welcher Idee ihr in Resonanz geht.

So wie ein Stein, den man ins Wasser wirft, Ringe auf der Wasseroberfläche bildet, so bildet ein Gedanke, ein Wort, ein Bild, eine Begegnung Ringe in uns.

Um einen Impuls ausleben und die Wirkung voll ausschöpfen zu können, wirft man klugerweise nur eine Idee zur Zeit in unseren Geist. Dann kann sich die Kraft und der Rhythmus dieser Idee in uns entfalten, und wir müssen uns weniger anstrengen. So arbeitet das Leben für uns mit.

Es ist wie beim Yoga. Da gehören die Anspannung und die Entspannung als eine Einheit immer zusammen.

Damit ihr den eigenen Gedanken Gestalt geben könnt, füge ich immer wieder freie Seiten ein. Traut euch, diesen Raum zu nutzen.

Viel Spaß bei eurem geistigen Yoga!

Raum für Dich

4 Spielregeln des Lebens

Jedes Spiel hat seine Regeln und davon ist das Spiel des Lebens nicht ausgenommen.

Es hilft durchaus, das Leben als Spiel zu betrachten. Denn dadurch ändert sich der Blick und manche Situation wird klarer. Nicht dabei vergessen: das Spiel des Lebens mit Ernsthaftigkeit, Neugierde und Humor zu spielen.

Einige Regeln kennen wir noch aus der Kinderzeit: „Sprich nicht mit vollem Mund", „Sag guten Tag", und vieles mehr, wird uns mit auf den Weg gegeben.

Neben diesen Höflichkeitsregeln, die unser Leben im Umgang mit unseren Mitmenschen einfacher gestalten, existieren auch Regeln, die tiefer in uns angelegt sind.

Es gibt Familienregeln, Gruppenregeln, nationale und kulturelle Regeln. Meist machen wir uns keine Gedanken darüber, sondern übernehmen Regeln, die uns die Eltern, Großeltern, Lehrer oder Nachbarn mit auf den Lebensweg gegeben haben.

Manchmal übernehmen wir Regeln ohne es zu bemerken, manchmal auch bewusst und freiwillig, manchmal rebellieren wir, und manchmal übernehmen wir sie nur, damit wir nicht aus der Gemeinschaft ausgeschlossen werden.

Ohne es zu wissen, versuchen wir auch Regeln zu erfüllen, die aus Politik und Wirtschaft auf uns einwirken.

Eine Regel, die aus dem Wirtschaftsleben in unser Leben getreten ist, lautet:

Lese, lerne, leiste was,
dann biste, haste, kannste was.

Diese Regel sitzt so tief in unserem inneren Glaubensmuster, dass es uns kaum bewusst wird, wie sehr sie uns im täglichen Leben beeinflusst.

Ohne Nachforschungen, wo unsere Meinungen und Ansichten herkommen, können wir nicht erkennen, wie hilfreich oder einschränkend Regeln unser Leben beeinflussen können, und welche Auswirkungen sie auf unser Zusammenleben und unsere Haltung zur Umwelt haben.

Dann nutzen wir die Regeln wie die Copy-and-paste Funktion am Computer zu nutzen. Kopieren und einsetzen bedeutet, wir nutzen, ohne es zu merken, die Regeln der Vergangenheit für die Gegenwart und formen damit unsere Zukunft. Das kann hilfreich sein, kann aber auch verhindern, dass wir bessere Lösungen finden.

Zum Beispiel haben wir uns auf das Lernen und Entlohnen von naturwissenschaftlichen Inhalten konzentriert, der Ingenieur verdient mehr als eine Pflegekraft, sodass uns heute in unserem Gemeinwesen Pflegekräfte, Ergotherapeuten und andere soziale Berufsgruppen fehlen.

Es gab inzwischen eine Jahrtausendwende. So ein Datum ist immer eine gute Gelegenheit alten Ideen und Vorstellungen, Werte und Normen zu überprüfen.

Bei unguten Gefühle, Krisen, Krankheiten oder andere Katastrophen kippen wir schnell in Unverständnis und Hilflosigkeit, Wut, Trauer oder Frust, wenn wir nicht verstehen, welcher Anteil durch alte Vorgaben entstanden ist.

Wo finden also unsere eigenen Wünsche und Träume statt? Was ist mit den Aufgaben, die wir uns für dieses Leben vorgenommen haben? Wie kommt man raus aus dem Hamsterrad und kann ein erfülltes Leben führen?

Es beginnt wie immer mit einer Idee, mit einem Wort, mit einer Frage oder einem Wunsch nach Veränderung.

Manchmal werden wir von unserem Leben gezwungen, nach neuen Regeln zu suchen: Jobverlust, Lebenswendepunkte, Krankheit, Trennungen; es gibt viele Hinweise und Hilfestellungen vom Leben, wenn es Zeit wird, etwas zu ändern. Und manchmal treibt uns einfach die Neugier.

Damit das Neue nicht das Alte bleibt, gilt es, die Regeln und Bedingungen des Lebens zu studieren. So eröffnen sich Möglichkeiten, ein selbstbestimmtes, erfülltes Leben zu führen.

Wer sich fragt, ob man sich Freiheit und Selbstbestimmtheit in Zeiten von wirtschaftlichen Nöten und Kriegen überhaupt leisten kann, oder ob es ein Luxusgut ist, dem sei gesagt:

Gerade in Krisen ist es nötig Selbstbestimmtheit zu leben, um sich nicht als Mitläufer oder -täter schuldig zu machen.

Freiheit und Selbstbestimmung sind Grundrechte des Menschseins. Ein Geschenk aber auch Verantwortung für uns Menschen.

Folgen wir weiterhin nur den Vorgaben aus der Vergangenheit, werden wir nicht nur selber leiden, sondern unsere Erde bald zugrunde gerichtet haben.

Unser momentanes Leben ist auf ständiges Wirtschaftswachstum aufgebaut, es zerstört die Umwelt und entzieht nachfolgenden Generationen Ressourcen.

Diese Art des Lebens bedeutet, Menschen, Tiere und Umwelt auszunutzen, für einen materiellem Luxus, den wir zurücklassen, wenn wir die Erde wieder verlassen.

Was dabei viel schlimmer ist: wir leisten wir uns den zweifelhaften Luxus, Kreativität, Mut zu Veränderungen und menschliche Fähigkeiten brach liegen zu lassen.

Leben ist Bewegung. Und Bewegung bedeutet Veränderung.

Also nur Mut!

Lerne die Regeln gut kennen, damit Du sie effektiv brechen kannst.

Raum für Dich

4.1 Leben ist Bewegung

Alles in uns und um uns herum ist in Bewegung. Ein Tisch, ein Stuhl, selbst ein Eisenblock schwingt und bewegt sich. Wir nehmen diese Bewegung mit unseren Sinnen nicht wahr, weil Eisen nun mal ein anderes Gewicht hat als eine Feder. Dennoch ist Bewegung der Urzustand des Seins auf der Erde.

Leben bedeutet Bewegung.
Bewegung bedeutet Energie.
Energie bedeutet Veränderungen.

Aus diesem Grund ist es auch nicht möglich, das eigene Leben an- oder einen Zustand, sei er auch noch so schön, festzuhalten. Man kann nicht ewig glücklich sein oder vom Erfolg verwöhnt werden. Und Gesundheit ist wie Krankheit ein labiler Zustand.

Jede Seite strebt wieder zu dem Gegenteil hin. Weshalb es schwierig ist, Krankheiten als unheilbar und Situationen als aussichtslos zu bezeichnen. Vorrangig verhindert diese Meinung, dass wir nicht nach Alternativen Ausschau halten.

Das Gute der Bewegung ist, dass sie nicht nur auf die schönen Seiten des Lebens sondern auch auf die unangenehmen Aspekte zutrifft.

Unglück bleibt nicht für immer, eine Krankheit besteht nicht ewig, und selbst bei der Dummheit der Menschen hege ich die Hoffnung.

Bewegung ist also der Ursprung des Lebens. Das heißt, dass etwas festhalten wollen Schmerz und Frust verursachen.

Bei Starrköpfigkeit oder Festhalten von Gefühlen, Lebensumständen oder materiellen Gütern, sollten wir uns bewusst machen, dass das Leben den längeren Atem hat. Die Lebenskraft in uns ist erheblich größer als unsere Widerstandskraft. Die Natur ist mächtiger als wir Menschen es je sein werden.

Kleine Kinder geben uns eine Ahnung davon, wie ausdauernd und kraftvoll diese Lebensenergie ist. Der Drang zum Aufstehen, der Wille zum Laufen lernen, das Sprechen wollen ist tief verankert, und motiviert so lange, bis das Ergebnis passt und versetzt manchmal sprichwörtlich Berge.

Also folgen wir der Bewegung in uns und um uns herum. Lassen wir Ablehnung und Festhalten los, damit Schmerz, Leid und Frust weiterziehen können.

Denn auch diese Gefühle tragen die Bewegung und den Hang zur Veränderung in sich, um Platz für Positives zu schaffen.

Mit etwas Neugierde und Übung gelingt es, auch Unangenehmes anzunehmen, und die Botschaft dieser Situationen zu enträtseln.

Raum für Dich

4.2 Polarität

Unsere Erde ist der Ort, an dem neben der Bewegung die Polarität, das Wechselspiel zwischen zwei Polen, als ordnendes Element eine Rolle spielt.

Wir pendeln zwischen Tag und Nacht, Glück und Unglück, Gesundheit und Krankheit, Plus und Minus. Wir leben in einer Art Schiffsschaukel des Lebens.

Wir können weder Unglück vermeiden noch Glück festhalten. Lassen wir also los und schauen, was passiert.

Die Kunst besteht darin, sich zwischen diesen beiden Polen zu bewegen.

Allerdings folgen wir dem Rauf und Runter der Gefühle zu intensiv, laufen wir Gefahr, in einen manisch-depressiven Kreislauf hineinzugeraten.

Versuchen wir einen Pol zu vermeiden, indem wir dagegen ankämpfen, geraten wir in einen Kraftverlust, der bis zum Burn-out führen kann.

Um sowohl das eine als auch das andere zu vermeiden, hilft es eine beobachtende Instanz in
sich zu installieren.

Ein Beobachter ist neutral, bewertet nicht!

Manchmal hält man sich länger an einem Pol
auf als an dem anderen. Warum dies so ist, kann
man durch einen Beobachter entdecken.

Wenn schnell eine Bewertung - und sei es nur
im Kopf - gegeben wird, handelt es sich auf keinen Fall um einen Beobachter.

**Mediationen, Atemübungen, Schreiben, Ma-
len, Musizieren sind Helfer des Beobach-
ters.**

Welche Methode die passende ist, muß jeder für
sich herausfinden. Aber es lohnt sich, danach zu
suchen.

Die Polarität ordnet nicht nur unser Leben, sondern auch jegliches Leben um uns herum. Sie ist
damit eine grundlegende Erdenregel.

Halten wir uns länger an einem Pol auf, als es
gut für uns ist, oder entnehmen wir einer Seite

zu viel Energie, wird früher oder später durch diese Regel der Ausgleich angestrebt.

Lassen wir los, was uns belastet, aber auch was wir lieben und schätzen.

Raum für Dich

4.3 Selbstverantwortlichkeit

Jeder ist für das, was ihm widerfährt selbst verantwortlich.

Wenn jetzt ein Teil in euch aufschreit, weil ihr es nicht wahr haben wollt und die Schuld lieber auf andere schieben möchtet, ändert es nichts an der Regel.

Selbst Gott trägt nicht die Verantwortung dafür, was auf der Erde geschieht. Das verursachen wir ganz allein.

Selbstverantwortung bedeutet, die Verantwortung für das zu übernehmen, was uns widerfährt. Also dem Leben zu antworten.

Da die Ausrede, wir hätten es so nicht gewollt, uns nicht weiterhilft, sollte man diese Regel einfach mal ausprobieren.

Die Übernahme der Verantwortung für unser Leben befreit.

Der Glaube, dass jemand Anderes als wir selber die Macht über unser Leben hätte, macht abhängig und hilflos. Wir sind Opfer statt Täter.

Selbst wenn es so etwas Mystisches wie Gott wäre, ist dieser Zustand weder angenehm noch hilfreich. Diese Ansicht verhindert vorrangig das eigene Leben in die Hände zu nehmen.

Also lieber akzeptieren, dass wir es so gewollt haben, egal wie dramatisch die Situation sich darstellt.

Dann haben wir die Chance herauszufinden, warum wir es so gewollt haben und können geeignete Maßnahmen treffen.

Manchmal wissen wir nicht, warum wir in Beziehungen verharren, die uns nicht gut tun. Warum uns Krankheiten ereilen, die uns an den Rand des Erträglichen führen, und warum wir in Berufen bleiben, die nicht zu uns passen.

Auf jeden Fall haben wir es in den eigenen Händen, es zu ändern.

Verantwortung übernehmen bedeutet eine Antwort zu geben.

Nicht immer erschließt sich sofort, warum man in eine Situation hineingerät oder auch feststecken bleibt.

Was jedoch gewiss ist, dass es sich um das eigene Leben und die eigene Absicht handelt und dem, was wir während unseres Aufenthaltes hier auf der Erde lernen oder erreichen wollen.

Das Leben kann man meist nur vorwärts leben und rückwärts verstehen.

Raum für Dich

4.4 Wir sind nicht allein

In der heutigen Zeit eine elementare Regel, die es lohnt, in das eigene Lebenskonzept zu integrieren.

Ohne die Überzeugung, dass wir behütet und begleitet werden, regiert Angst, Panik, Gier und ein Gefühl verloren zu sein unser Leben.

Ein Mann kommt nach seinem Tod zu Gott in den Himmel. Gemeinsam schauen sie sich den Lebensweg des Mannes an und sehen, wie es immer wieder Abschnitte gibt, bei denen lediglich eine Fußspur zu sehen ist. Während auf vielen Etappen zwei Spuren nebeneinander her laufen.

„Siehst Du", klagt der Mann und zeigt auf die Stellen, an der nur eine Fußspur zu sehen ist, „da hast Du mich alleingelassen."

Daraufhin schaut Gott ihn liebevoll an und erwidert:
„Wie kommst Du denn darauf? ...Das waren die Zeiten, als ich Dich auf meinen Schultern trug."

Eine tröstliche Geschichte, die gerade in schweren Zeiten Halt und Orientierung gibt.

Wir haben unsere Religionen, die unter anderem auch diese Regel in sich tragen, in Frage gestellt. Manches an der Religion schienen altbacken und beengend, und nicht immer waren die Vermittler der Regeln glaubwürdig in ihrem Verhalten.

Leider haben wir damit auch das Tröstende und Heilsame verloren.

Im Sinne von Veränderung und Selbstverantwortlichkeit ist es richtig, jedes Gebot und jede Regel zu überprüfen, ob sie den Menschen dienen. Denn das sollte immer die Hauptaufgabe einer Regeln sein:

Den Menschen zu dienen, um ein selbstbestimmtes Leben führen zu können.

Wie das Gesetz der Polarität erfordert, wird es nach jeder Zeit des Infragestellens von Regeln und Geboten es eine Zeit geben müssen, auch wieder neue, hilfreiche und unterstützende Regeln zu formulieren.

Dabei sollten die neuen Regeln und Gebote universell sein und niemanden ausschließen. Denn jeder, der auf der Erde ist, hat einen Grund und das Recht dafür, hier zu sein.

Regeln sind keine Garantie für ein Sorgenfreies Leben, aber geben Orientierung und helfen, die Stöße des Lebens abzufedern.

Das Tröstliche und Beruhigende, das in der Regel „Wir sind nicht allein" verankert ist, können wir gerade in Krisenzeiten gut gebrauchen.

Diese Regel bedeutet nämlich auch, daß wir einen Sinn haben und wir diesem Sinn folgen.

Wir sind eben nicht, wie mal ein Familienangehöriger sagte, ein Vogelsch... in der Gegend. Sondern wir spielen eine Rolle im großen Spiel des Lebens. Jeder Einzelne macht einen Unterschied und gehört zu dem Großen und Ganzen.

Religion kommt vom lateinischen Wort religare, was so viel bedeutet wie „zurückbinden, wieder verbinden". Es hat nichts mit Missionieren, Besserwisserei oder Drohung vor einem strafenden Gott zu tun.

Von dieser Seite betrachtet, kann es sich durchaus lohnen das Thema Religion für das eigene Lebens zu überdenken.

Man kann auch religiös sein, ohne einer Religion anzugehören. Einfach, weil man beginnt, sich dem Großen und Ganzen dazugehörig zu fühlen und jedem anderen, auch den Tieren und der Natur, seinen Platz zu zugestehen.

Dann findet sich auch das Gefühl der Geborgenheit wieder ein. Wenn wir voll Vertrauen auf unser Leben schauen können, findet Angst und Panik immer seltener in unserem Leben statt.

Panik und Angst nehmen dann wieder den Stellenwert ein, für den sie gemacht wurden: nämlich Indikatoren zu sein.

Sie sind eine Aufforderung, nochmals hinzusehen, zuhören oder zufühlen, um Zusammenhänge erkennen zu können. Und manchmal offenbart sich das Wohlwollen, das in der Situation steckt.

Ein Mantra kann im täglichen Leben helfen, die Ruhe zu bewahren und sich der Geborgenheit zu nähern.

„Gott liebt, lenkt und leitet mich, und seine Liebe geht vor mir her und ebnet meinen Weg."

Wie immer man diese Kraft nennt: Gott, Universelle Energie, Kosmos, Geistige Welt. Sie ist da und trägt uns durch das Leben.

Jeder möge seinen eigenen Namen dafür finden, um den Zugang zu diesem Universum, das neben und in uns existiert zu finden. Es ist heilsam, beruhigend und durchaus auch erheiternd.

Raum für Dich

4.5 Wahlfreiheit

Wir haben mehr Wahlmöglichkeiten als das Entweder-Oder, an das wir uns angewöhnt haben.

Wir können selten wählen, wer unser Nachbar wird, oder wie er sich verhält. Wir können nicht entscheiden, wie unsere Kinder sich entwickeln oder wie unsere Beziehungen sich gestalten.

Wir haben nicht immer die Kontrolle darüber, was oder wer uns begegnet und wie sich die Menschen verhalten.

Wir haben jedoch die Möglichkeit zu entscheiden, wie wir mit solchen Situationen umgehen.

In der Bewertung einer Situation gibt es die Wahlfreiheit, die unsere Lebenseinstellung ändern kann.

Diese Wahlfreiheit kombiniert mit Klugheit erschafft ein neues Lebensgefühl und neue Perspektiven.

Manchmal braucht es etwas Zeit, bis wir die verschiedenen Möglichkeiten erkannt und die passende Entscheidung getroffen haben.

Geduld und Wohlwollen sind Tugenden, die sehr hilfreich sind, um die richtige Wahl treffen zu können.

Auf jeden Fall haben wir wesentlich mehr Möglichkeiten als das Entweder-Oder Spiel, das wir in den meisten Fällen nutzen.

Wir können stattdessen

* **Lieben**
* **Akzeptieren**
* **Ändern**
* **Hassen**
* **Verlassen**

Diese Aufzählung zeigt, wie variantenreich unsere Wahlmöglichkeiten sind, als nur das Verharren oder das Verlassen von Partnern, Arbeitsstellen oder Familie.

Mit dem Verlassen von Menschen und Situationen verlieren wir die Chance auf inneres Wachstum und Entwicklung unserer Persönlichkeit. Jede Geschichte hat nicht nur zwei sondern durchaus mehrere Seiten.

Was kann man also tun, wenn ein Bleiben nicht erträglich ist, ein Entfernen nicht möglich oder nicht gewollt ist?

Wer an so einem Punkt angelangt ist, wird die weiteren Wahlmöglichkeiten zu schätzen wissen.

* Lieben

Im Idealfall liebe ich das, was ich habe und was ich tue. Mit diesem Gefühl bleibe ich in meinem Wohlfühlbereich. Es beinhaltet Akzeptanz ebenso wie Verständnis, Freude und Zufriedenheit.

Lieben bedeutet, sich einer Situation oder Menschen bedingungslos hinzugeben und die positiven Aspekte aber auch das weniger Gute darin als einen Teil des Ganzen zu sehen.

Liebe ist an keine Bedingung geknüpft. Liebe ist etwas Universelles. Sie erfährt einen kurzen Glanz im Verliebtsein, und in der Liebe zu unseren Kindern kommen wir dem Ursprung dieses Gefühls auf die Spur.

Wir stellen keine Bedingungen und wir hinterfragen das Gefühl auch nicht.

In Partnerschaften und Freundschaften hingegen stellen wir durchaus Bedingungen an die Liebe oder an die Person. Spätestens dann ist klar, daß es sich nicht um eine bedingungslose Liebe handelt.

Raum für Dich

* Akzeptieren

Akzeptieren bedeutet, alles was ist, und wie es ist einfach hinzunehmen.

Es ist der Zustand der Neutralität. Es ist der Zustand, in dem wir keine Bewertung abgeben, weder positiv noch negativ. Die Akzeptanz ist sozusagen der Nullpunkt von allen denkbaren Beurteilungen.

So ist alles möglich, und ich bin für alles offen. Ich kann Daten, Informationen und Erfahrungen sammeln, ohne zu beurteilen und meine Vorurteile zu füttern.

Manchmal entwickeln sich die Dinge anders als gedacht. Da bewährt es sich, mit einer neutralen Ausgangsposition zu beginnen.

Ich hatte zu Beginn meiner Praxiszeit eine Patientin, die sich in ihrem Arbeitsumfeld nicht wohl fühlte. Sie konnte diesem Gefühl, das sie lähmte, keinem konkreten Umstand zuordnen. Also ging sie nicht mehr zur Arbeit, was sie aber auch nicht zufrieden stellte. Niemand wusste einen Rat, der ihr aus dieser Situation heraushalf.

Ich hörte mir ihre Geschichte an und erklärte ihr meine Sicht auf ihre Situation aus Sicht meiner Spielregeln des Lebens.

Sie hörte mir aufmerksam zu, sah mich an und verließ meine Praxis mit den Worten:

„Ach…, so wollen wir das mal sehen.“

In diesem „Ach" lag Erstaunen über die neue Sichtweise, die Offenheit sich dem neuen Aspekt zu zuwenden und die Bereitschaft, über die neue Sicht nachzudenken. Dieses „Ach" brachte weit mehr zum Ausdruck, als ich es je für möglich gehalten hätte.

Sie ließ mich erstaunt zurück. Aber bei ihrem nächsten Besuch hatte sie das Gesagte verarbeitet, es ging ihr erheblich besser, und sie konnte ihre Situation so einschätzen, dass sie wieder zur Arbeit gehen konnte.

Ihr Satz ist mir bis heute im Gedächtnis geblieben, denn er beschreibt den Zustand der Akzeptanz, und welche Freiräume durch diese Haltung möglich werden.

In jeder Situation steckt immer auch die Chance zum Lernen und Veränderns.

Man kann immer versuchen, mit Mut, Entschiedenheit und Geduld etwas Unangenehmes in etwas Angenehmes zu verwandeln.

Raum für Dich

* Ändern

Um etwas ändern zu können, ist es notwendig, sich darüber klar zu werden, was ist und was sein soll.
Erst im Unterschied können wir Änderungsvorschläge erarbeiten.

Und man muss das Signal erkennen, wenn eine Änderung notwendig ist.

Als meine Tochter circa zwei Jahre alt war, war ich in der klassischen Situation, in der es nur die Wahlmöglichkeit „Ändern" gab.

Das Kind zurückgeben war ausgeschlossen, die Liebe in dem Moment nicht mehr sichtbar und Hass war keine Option für mich.

Was war geschehen? Ich hörte, wie meine Stimme ärgerlich klang. Mein Ärger ging soweit, dass ich mich Schreien hörte. Für mich ein deutliches Signal, dass etwas nicht stimmte. Also ging ich auf die Suche nach der Ursache meines Ärgers.

Ich wußte, dass wir bei Anderen einen Fehler größer machen, um den eigenen Fehler kleiner wirken zu lassen. Folglich ging ich auf die Suche, worin mein „Fehler" bestand.

Mein Fehler lag in diesem Fall darin, dass ich übersehen hatte, dass das Kind älter geworden war, und ich ihr etwas beibringen mußte, anstatt ihr ständig die Aufgaben abzunehmen und sie zu betüddeln, wie der Norddeutsche sagt.

Ich fand heraus, was ein zweijähriges Mädchen bereits selber erledigen konnte, stellte ihr diese Aufgabe, in diesem Fall Schuhe ins Regal räumen und Jacke aufhängen. Und siehe da, mein Schreien hörte auf, das Kind war zufrieden und zerrte nicht mehr an mir herum und fand sogar eigene kleine Aufgaben für sich.

Mit Kindern kann man die Wahlfreiheit „Ändern" gut üben. Mit ihnen erledigen sich die anderen Möglichkeiten fast von allein. Und eine tiefliegende Liebe zueinander bietet Vertrauen und Sicherheit.

Kinder bieten uns die Chance zu lernen und mit ihnen zu wachsen.

Raum für Dich

* Hassen

Der Hass ist ebenso eine Wahlmöglichkeit wie die Liebe. Hass ist nicht gottgegeben, sondern er bildet den Gegenpol zur Liebe und hat damit ebenso seine Daseinsberechtigung wie alle anderen Gefühle auch.

Manchmal äußern wir diese Gefühlsregung ganz konkret, mit Sätzen wie „ich hasse dich" oder „Ich hasse die Situation".

Nicht immer ist der Hass sofort und eindeutig zu identifizieren. Ablehnung, Geringschätzigkeit oder sich einer Situation zu entziehen, können genauso Signale sein, hinter denen sich Hass verbergen kann.

Wenngleich der Hass ein völlig normales Gefühl und selbstverständlich erlaubt ist, tut er uns über einen längeren Zeitraum genährt nicht gut.

Er hat eine vergiftende Wirkung und endet nicht selten in gewalttätigen Aktionen sich selbst oder anderen gegenüber. Er schafft Krankheiten und Süchte, aber auch Gewalttätigkeit bis hin zu Kriegen.

Es gibt keinen gerechtfertigten Hass. Hass gibt uns weder das Recht, andere zu verletzen noch zu töten.

Rauchen, Alkoholmissbrauch und andere Süchte sind aus Selbsthass entstanden und immer ein Mißverständnis unserer wahren Natur.

Wie löse ich Hass wieder auf?
Es ist wie mit allen anderen Situationen:

Lenke die Aufmerksamkeit auf das Gefühl und der Zustand beginnt, sich zu verändern.

Ängste, die man benennen kann, werden kleiner. Hass mutiert manchmal zu Wut oder Trauer. Jeder Zustand zeigt sein wahres Gesicht, wenn er erkannt und benannt wird.

Und nicht vergessen: Aus manchen Kriegsgegnern sind später doch noch Freunde geworden. Das trifft auch auf unsere inneren Kriege zu.

Wenn man sich in diesem Zustand wiederfindet, lohnt es sich, nach anderen Wahlmöglichkeiten umzuschauen.

Raum für Dich

* Verlassen

Verlassen ist der zweite Pol des Entweder- Oder-Spiels.

Dieser Ratschlag kommt oft von Freunden, Familie und Ratgebern, wenn eine Lebenssituation unerträglich scheint und eine Lösung nicht in Sicht ist.

Gern wird dieser Rat bei Beziehungsrobleme gegeben, besonders wenn Kinder involviert sind. Das Argument lautet, es sei für Kinder besser zu gehen als ständigen Streitereien ausgesetzt zu sein.

Das ist ein wenig kurz gesprungen, denn wie sollen Kinder lernen, mit Streitigkeiten umzugehen, wenn die Erwachsenen statt Lösungen zu finden, weglaufen.

Außerdem ist das nur die eine Seite der Medaille. Auch bei getrennten Wohnungen gibt es keine Garantie, daß die Streitereien zu Ende sind. Letztendlich ist durch Scheidung, Kündigung oder Umzug der zugrunde liegende Konflikt noch nicht gelöst.

Erst dann, wenn die Konflikte gelöst sind, egal ob zu zweit oder jeder für sich, erst dann ist das Stresspotenzial abgebaut. Und erst dann kann man von einer heilen Situation - auch für Kinder - sprechen.

Die Empfehlung Situationen zu verlassen ist gut gemeint, und hin und wieder funktioniert es auch. Es ist dann wie bei Boxern, die man jeweils in die eigene Ecke schickt, damit sie sich beruhigen können.

Besser ist es in solchen Situationen die beschriebenen Wahlmöglichkeiten zu prüfen. Dabei Hilfe zu beanspruchen ist eine gute Wahl, bevor man eine Situation verläßt.

In jedem Moment unseres Lebens stecken Lernaspekte, und besonders in den schwierigen Momenten gibt es eine Menge zu erfahren, über sich, den anderen und das Leben in seiner Fülle.

Manchmal ist eben Bleiben die Kunst.

Wenn keine der Wahlmöglichkeiten zu einem gewünschten Erfolg geführt hat, ist das Verlassen der Situation auf jeden Fall sinnvoll.

Ansonsten gibt es nur eine Endlosschleife an Vorwürfen, Verletzungen und Leid.

Eine Pflicht zu leiden oder sich selbst krank zu machen, existiert nicht.

Raum für Dich

4.6 Wir erhalten, was wir brauchen

Auch, wenn es uns nicht immer so vorkommt, aber:

alles was wir benötigen, erhalten wir.

Es nimmt nicht immer unbedingt den Weg, den wir erwarten. Manchmal gibt es eben nicht Geld im Überfluss, aber dafür Hilfe und Unterstützung auf anderen Wegen und mit anderen Mitteln. So dass letztendlich unser Problem gelöst wird, nur vielleicht anders als erwartet.

Wir müssen uns keine Sorgen darüber machen, ob wir unser Lebensziel erreichen. Ob wir die wichtigen Punkte unseres Lebens ansteuern.

Alles, was wir uns wünschen und was wir brauchen, wird wahr.

Das heißt nicht, dass wir die Hände in den Schoß legen können, und uns die gebratenen Tauben in den Mund fliegen.

Es bedeutet vorrangig, es gibt keinen Grund zur Sorge.

Wir können sicher sein, dass alles Nötige zu uns kommt, wenn wir es wirklich brauchen, um unsere Lebensaufgabe und -ziele erreichen zu können.

Der Umkehrschluß lautet:

Die Dinge, die wir nicht erhalten, brauchen wir wohl auch nicht.

Manchmal scheint es uns, dass das, was wir haben möchten, gar nicht in unser Leben tritt: Partner, Geld, Arbeitplatz....

Es geschieht durchaus, dass nicht alles gleich da ist, wenn wir es uns wünschen. Mitunter haben wir nur nicht genau hingeschaut. Aber manchmal ist das Gewünschte bereis in unser Leben getreten, und wir haben es nur nicht gemerkt.

Die Erfüllung unserer Wünsche nimmt manchmal ein Gewand an, dass wir sie nicht sofort als unsere Wunscherfüllung erkennen.

Und nicht selten sind wir auch einfach überrascht, dass das Gewünschte bereits vor uns liegt.

Nachdem ich diese Regel kennengelernt hatte, begann ich mit so einfachen Wünschen wie die Suche nach einen Parkplatz (ich wollte das Universum nicht überfordern und mir eine Enttäuschung ersparen).
Was auf dem Land kein Problem ist, stellt sich in den Großstädten ganz anders dar. Also wünschte ich mir bei meinen Terminen in Hamburg zur richtigen Zeit am richtigen Ort einen Parkplatz.

Als ich dann am Ziel ankam, war ich derart überrascht, dass es einen Stellplatz genau dort gab, wo ich ihn mir vorgestellte hatte, dass ich daran vorbeifuhr. Natürlich war er belegt, nachdem ich umgedreht hatte.

Das motivierte mich, besser auf die Erfüllung meiner Wünsche zu vertrauen. Allerdings passiert es mir auch heute noch, dass ich genau hinsehen muss, ehe ich die Antwort des Universums als meinen zuvor geäußerten Wunsch erkennen kann.

Nicht selten passiert es mir auch, dass ich meinen Wunsch bereits wieder vergessen habe, wenn eine Situation eintritt, die ich nicht erwartet habe.

Kürzlich bat ich auf das Haus, in dem ich wohne zu achten. Das Haus ist über hundert Jahre alt, der Keller wird immer wieder bei starkem Regen und Hochwasser des Flusses auf der gegenüber liegende Seite geflutet.

Ich hatte diesen Gedanken schon längst wieder aus dem Blick verloren, als ich ein Schreiben von der Denkmalschutzbehörde bekam.

Mein erster Reflex war, genervt zu sein, weil diese Ankündigung aus heiterem Himmel kam. Jedenfalls schien es mir so.

Inzwischen ist mir aber klar geworden, dass es die Antwort auf meine Bitte ist. Denn nicht nur ich habe damit die Verpflichtung das Haus in seinem herkömmlichen Zustand zu erhalten. Sondern auch die Umgebung muss diesem Umstand Rechnung tragen.

Wenn etwas Unerwartetes geschieht, dann sollte man nochmals gedanklich in die Vergangenheit gehen, um herauszufinden, ob nicht der Ursprung des Geschehens in den eigenen Wünschen besteht.

Wird ein Wunsch **nicht** erfüllt, ist es durchaus als eine Vorsichtsmaßnahme des Lebens betrachtet werden. Nicht alles, was wir uns wünschen, ist hilfreich für unsere Lebenssituation.

Meist wünschen wir uns eine ganz konkrete Lösung. Aber unser Leben ist durchaus kreativer, als wir denken.

Auf jeden Fall „Augen auf bei der Wunschwahl."

Und statt einen Mangel zu beklagen, nochmal überprüfen, ob das Gewünschte wirklich sinnvoll ist, oder ob es sich bereits erfüllt hat.

Mein Sohn erzählte mir kürzlich, dass er im Alter von zwölf Jahren den Wunsch hatte, Komponist zu werden. Viele Jahre glaubte er, sein Ziel gar nicht erreicht zu haben.
Doch mit Ende zwanzig wurde ihm bewusst, dass er durchaus ein Komponist ist.

Er hat mit zwanzig ein Stück für Violinen komponiert, und es wurde von Mitstudenten uraufgeführt. Ausserdem hat er für sich die eine oder andere Etüden komponiert.

Er wurde kein Berufskomponist, aber das hatte er auch gar nicht angestrebt.
Was also nicht stimmte, war die Vorstellung, wie ein Komponist zu sein hat.

Manchmal ist unsere Vorstellung von einer Sache größer, bunter oder imposanter, als sie später in der Realität darstellt. Das ändert aber nichts daran, dass sich der Wunsch erfüllt hat.

Wenn man sich etwas wünscht, sollte man offen sein für unerwartete Ergebnisse sowohl in der Art und Weise, wie sich der Wunsch erfüllt also auch in der Größe.

Viel Spaß beim Experimentieren!

Raum für Dich

4.7 Wir schaffen, was wir beabsichtigen

Diese Regel ist die Ergänzung zu der vorangegangenen. Die vorherige Regel beinhaltet das Abwarten, dass etwas geschieht. Diese Regel meint das aktive Handeln, um zu einem bestimmten Ergebnis zu gelangen.

Früher hieß es, „hilf Dir selbst, dann hilft Dir Gott."

Wichtig bei dieser Regel ist den Unterschied zwischen „Ich will " und „Ich beabsichtige" zu kennen.

Oft hörte ich in meiner Praxis,„Ich will ja, aber ich schaffe es nicht."
Diesen Menschen haben ist stets den Unterschied zwischen Willen und Absicht erklärt.

„Ich will " kommt aus unserem Kopf. Es ist kein Wunsch, sondern ein Wille, der sofort auch einen Widerstand in sich trägt.

Sagt ein Kind „ich will " reagieren die Erwachsenen schnell mit Abwehr und einem „Nein". Dies passiert nicht nur bei Kindern, sondern findet auch auf der Erwachsenenwelt statt.

Jeder möge sich einmal selbst prüfen, wie er reagiert, wenn jemand sagt, „ich will " anstatt „ich möchte gern ".

Was erst mal nur wie eine Höflichkeitsformel klingt, hat jedoch einen anderen Hintergrund.

„Ich möchte" kommt aus unserem Inneren. Es ist gleichzusetzen mit „Ich beabsichtige ".

Das heißt, ich wünsche es mir, bin aber auch bereit, Umwege zu akzeptieren, um zu meinem Ziel zu gelangen.

Es heißt auch, ich bleibe offen für Hinweise, wie ich zu meinem Ziel gelangen kann. Auf Widerstände reagiere ich mit Gelassenheit und nicht mit Frust oder Widerstand.

Die o.g. Formulierungen, die auf den ersten Blick ähnlich klingen, kommen also aus einer anderen Quelle und erzeugen so entsprechend unterschiedliche Ergebnisse.

„Ich will gesund sein" signalisiert einen berechtigten Wunsch, führt aber nicht unbedingt zu dem gewünschten Ergebnis.

Formuliere ich den Wunsch um in „Ich beabsichtige, gesund zu sein", halte ich mich offen für Signale aus meinem Körper und gebe mir die Chance angemessen zu reagieren, um gesund bleiben zu können.

Raum für Dich

5 Nachwort

Dies sind nun meine **Spielregeln des Lebens**, die ich hier mit euch geteilt habe.

Ich hoffe, sie helfen euch, das Leben besser verstehen zu können und in Krisenzeiten eine Stütze sein zu können.

Ich bedanke mich bei allen, die mich auf meinem Weg begleitet und unterstützt haben. Allen voran meiner Herkunftsfamilie mit Eltern und Geschwistern, meiner eigenen Familie, Freunden, Wegbegleitern und Patienten.
Sie alle haben zu diesem Buch beigetragen, und es möglich gemacht, dass es gedruckt wurde.

Besonders bedanke ich mich bei meinem Sohn Till-Benedikt, der den technischen Support sowie das Layout übernommen hat und Sabine für das Korrekturlesen.